EXAMEN

DU

Théâtre Sacré

DES

CEVENNES

Traduit en Anglois fous le Tître de *Cry from the Defart*.

A *Londres*, MDCCVIII.

Avis au Lecteur.

QUOY que l'on n'ait ici aucun deſſein, ſi ce n'eſt d'examiner le Théatre Sacré, on croit pouvoir ſans s'en écarter beaucoup, rapporter l'Extrait d'un Lettre écritte par Monſieur Daiſe Miniſtre François êtabli à Colcheſter, au ſujet d'une Viſite que luy rendirent il y a quelque tems Mr. F—o & Havy, l'un des Prophetes François.

F——o & Havy Tiſſerand Normand. Ils vinrent chez moy dimanche dernier. Ils avoient diſoient ils un ordre expres du Ciel pour me delivrer à moi ou à mon Collegue un de leurs Avertiſſemens. Je leur dis nettement que jè les croyois faux Prophetes, je convainquis leur Eſprit de Menſonge, parce que je n'ai point

A 2 &

Avis au Lecteur.

de Collegue & aprés plusieurs autres Discours je les congediay.

Cette Lettre étant venuë trop tard n'a pû entrer dans les *Nouveaux Memoires*, que l'on a publiés contre les Camisars, quoy que ce soit sa vraye place. Tout ce que l'on verra dans cet Examen sert uniquement à montrer que le *Théatre Sacré*, est un Ouvrage fait à plaisir pour ébloüir les Gens.

Seconde

Seconde LETTRE à l'Auteur du Livre, intitulée, Histoire de la Vie des Trois Prophetes François, &c.

MONSIEUR,

CE que je vous envoye, pourra vous aider à faire une troisiéme partie de vôtre Histoire ; c'est l'Examen du Théâtre-sacré : où sous prétexte de publier les merveilles que Dieu a faites dans les Cevennes, l'on a eu dessein de favoriser la Mission des Trois Camisars. On a voulu les faire passer pour des gens venus d'une Province où Dieu a operé par eux & par d'autres plusieurs choses miraculeuses. Cette Relation ayant été présentée avec l'air d'une grande sincerité, & revêtue même de la Religion du serment, a éblouï plusieurs Personnes. A entendre parler Monsieur Lacy, il a donné dans le piége. Le public a vû la Traduction qu'il a faite du Théâtre sacré sous le nom de la *Voix du Desert*. Il y a à la teste de la Traduction une longue Préface à l'honneur de l'Ouvrage. Le soin qu'a eu Monsieur Lacy de faire repandre sa Traduction dans le Royaume, avec

une

An Account of the Behaviour, &c.

A Cry from the Desart.

une liberalité digne d'un meilleur Livre, à pré-
venu beaucoup de Perfonnes dans les Provinces
les plus reculées Il m'eft revenu de plufieurs endroits, que le fort de la plûpart de ceux que l'on
a abufez, étoit le Theâtre facré.

Vous voudrez peut-être favoir, *Monfieur*, pourquoy nous n'avons pas tâché de diffiper cette
trompeufe lueur.   Vous nous accufez de negligence, pour lui avoir laiffe faire trop d'Impreffion. J'efpere que vous aurez affez d'équité pour
nous juftifier vous même, quand vous aurez fait
reflexion que le deffein d'examiner le Theâtre
facré avec un peu d'exactitude ; demandoit que
nous envoyaffions fur les lieux, pour nous infor-
mer des faits qu'il contient. La circonftance de
la Guerre ne nous permet pas cette Communi-
cation Il n'eût été gueré plus aifé de réuffir
en écrivant. Je ne fay pas trop à quel poinct
les Loix des deux Royaumes permettent un Commerce de Lettres ; mais je ne faurois ignorer,
que les Perfonnes à qui l'on auroit écrit dans les
Cevennes, font dans l'un de ces deux cas ; Ou
ils font de l'ordre des prétendus infpirez, ou ils
font d'un autre fentiment ; les premiers font trop
prevenus, les autres n'oferoient s'expliquer ou-
vertement, de peur de s'expofer. J'ay vû de
ceux cy qui craignent jufques dans Londres, où
ils pourroient s'exprimer avec toute forte de liberté.   On peut par là juger de la contrainte où
l'on fe trouve lorfque l'on eft au milieu d'un peuple de Camifars.

Je ne faurois vous defavouer encore, *Monfieur*,
que nous avons eu de la delicateffe fur un fujet
que nous ne pouvions guere approfondir, fans
faire tort à une Province, où la Religion fem-
bloit encore avoir quelques reftes de vie. Ses en

nemis luy reprochoient le ſtratagéme de l'Inſpiration, & en faiſoient une occaſion d'irriter les
Puiſſances. Il eût ſemblé que de concert avec
eux nous euſſions voulu éteindre le zéle que la
Providence allumoit dans ce païs là.

Enfin nous ne voyions pas bien la liaiſon eſ-
ſentielle que d'autres ont trouvée entre le Theâtre Sacré & nos trois Camiſars. Otez ce qu'ils
diſent d'eux mêmes ; le reſte ne m'obligera pas
à les prendre pour Prophetes, ſi je reconnois
par leurs menſonges, & par leur conduite dans ce
Royaume qu'ils ne ſont rien moins. N'y auroit-
il qu'à étre Cevennois pour étre Prophete ?
Aprés que ſur l'examen que nous avons fait de
ces gens-là, nous avons été convaincus qu'ils ne
ſont pas ce qu'ils prétendent être ; vingt The-
âtres ſacrez n'en feroient pas des Anges de lu-
miere.

Quoyque ces raiſons ſoient aſſez bonnes pour
juſtifier nôtre ſilence, je croy neanmoins que l'on
peut enfin accorder quelque choſe à l'envie que
pluſieurs ont de ſavoir ce que c'eſt que ce Livre,
que l'on a changé en preuve de la Miſſion de
nos trois Camiſars. Je n'auray pour cela aucun
commerce avec la France ; & je m'y prendray
de maniere que la fraude du Livre ne portera
point ſur les Camiſairs de delà la Mer. Il ne
réſultera rien du Reçueil que je vous envoye, ſi
ce n'eſt que l'on verra que ce n'eſt qu'un Artifice qui tend à d'autres fins, que celles que l'on
voit. Vous pourrez traduire mon Recueil, ou
luy donner telle forme que vous jugerez la plus
propre pour plaire au public. Je vous en fais le
Maître & je ſuis, &a.

Vôtre, &c.

L'on

L'on voit à l'entrée du Theatre Sacré quelques passages de l'Ecriture sainte tres mal appliquex, & une Préface où l'Auteur reconnoît lui même qu'il y a de la Précipitation.

AU dessous du titre il y a : *Nous ne pouvons que nous ne disions les choses que nous avons vues & ouïes* On verra dans la suite que ces paroles n'ont jamais été plus mal placées.

Sur le revers de la même page on a arrangé divers passages, par où l'on a dessein de rendre odieux les Theologiens, qui se sont opposez à l'Introduction des nouvelles Propheties : *Et complottans ensemble ils dirent animex de l'Esprit de Demetrius, que ferons-nous à ces gens-cy ? Tout nôtre gain est en danger ; il y a du danger que nôtre fait ne vienne à être décrié, remplis d'envie, crevans en leurs cœurs, & grinçans les dents, ils subornent des hommes, &c.* C'est là un endroit que l'on a composé de pieces rapportées, pour animer le peuple contre le Ministere Tout le crime des Ministres c'est d'avoir empêché des imposteurs de seduire leurs troupeaux. C'est bien abuser de l'Ecriture sainte que d'en faire un si mauvais employ.

A l'égard de la Préface, il y auroit trop de rigueur à relever tout ce qu'elle a de defectueux. Quand un Auteur commence par demander pardon, on a beaucoup de penchant à lui pardonner. La précipitation l'oblige souvent à suivre son feu, plûtôt que son jugement. Tout ce qu'on devroit lui dire, seroit, prenez une autre fois plus de tems ; le public aimeroit mieux vous

attendre

attendre encore huit jours, & même huit mois,
que de lire des chofes, qu'il fera obligé d'ex-
cufer. L'Auteur de la Préface dit dans un
difcours qui la fuit, que la populace Françoife
s'eft foûlevée dans le quartier des Grecs. Il eft
vray qu'il témoigne qu'il a du regret en le difant; mais il eût mieux fait de ne le point dire.
Son regret vient apparemment de ce qu'il fe
fait quelque peine d'acculer fes compatriotes ;
cela n'étoit pas trop mal fondé. Quand même ils auroient eu le malheur de tomber dans
une femblable faute, on auroit dû, fi les liens d'un
commun refuge font capables de faire Impreffion,
la couvrir du voile du filence, bien loin de la
publier dans tous les lieux où l'on portera le
Theâtre facré. L'Auteur de ce Livre devroit
avoir un regret éternel d'avoir eu fi peu d'égard
pour fes compagnons d'exil. Bon Dieu, que la
Paffion a d'Afcendant fur certaines gens ! Elle
fait oublier des devoirs indifpenfables. Je pour-
rois dire tout cela quand même le fait feroit véri-
table ; mais je le trouve tellement déguifé, que je
ne le reconnois plus. Je n'infifteray pas là deffus ; parceque mon deffein eft de m'attacher uniquement au *Theâtre facré.*

Il eft compofé de deux fortes de pieces ; les
unes font des extraits de Livres, ou de Lettres ;
les Autres font des Dépofitions ou des Declarations. Je croy pouvoir démontrer qu'il n'y a pas
de bonne foy à ces deux égards. Mais avant
que d'entrer dans ce détail, je remarqueray deux
chofes ; la premiere eft que je ne prétens pas
affirmer que tout ce que l'on a dit des Cevennes
foit faux. On ne peut guere douter qu'il n'y
ait eu de l'Entoufiafme. Plufieurs Perfonnes du
plus bas Ordre fans Diftinction de fexe ou d'âge,
ont

ont eu des Symptômes dans les quels ils parloient
de Repentance, ou en particulier, ou dans les
Assemblées Les uns y font tombez de bonne
Foi, & les autres par Artifice ; ceux-là à force
de voir de pretendus infpirez les ont imitez par
une flexibilité d'Imagination. La difficulté ne
pourroit être que contre le premier infpiré , car
n'ayant point de modele à imiter, on deman-
dera comment lui eft veuue cette maladie, il a
pû la gagner à la vue d'un Impofteur ou par un
défordre fort naturel.

L'Artifice a enté là deffus des Projeéts. Les
uns ont trouvé que c'êtoit un bon moyen pour
fubfifter fans rien faire, d'autres ont eu d'autres
vûes. Je ne doute pas que l'on n'ait tâché par
là de donner du courage à ceux qui avoient pris
les armes. Quand on croit que des ordres font
émanez immediatement du Saint Efprit, on fe
fent bien plus de courage, que fi le plus habile
General les avoit donnez ; un homme avec cette
prévention en vaut quatre autres. On a vu plufieurs de ces experiences daus les Cevennes. Je
ne trouve guere que cela de bien prouvé dans
l'Hiftoire de ce Païs là. Si le Theâtre facré n'en
difoit pas d'avantage, ce ne feroit pas la peine
d'en faire l'examen. Mais il nous raconte plufieurs autres Miracles ; & comme les trois Camifars prétendent prouver par la leur Miffion, ils
rendent cet examen neceffaire.

La feconde chofe que j'avois à remarquer eft
le témoignage de Monfieur le Colonel Cavallier.
D'Honnêtes gens l'avoient prié de lire le Theâtre facré, la plume à la main, & de marquer
ce qu'il contient de vray & de faux Ses affaires
ne luy ayant pas permis de donner cet éclair-
ciffement, on fe contenta de lui demander ce
qu'il

qu'il penſoit ſur un ou deux faits, que l'on trouva
à Livre ouvert. Je place icy une 'Declaration,
par où l'on reconnoîtra que l'on tomba juſte-
ment ſur des faits, dont il reconnut la fauſſeté.
L'on y verra d'abord pourquoy le Sieur Marion,
qui commandoit une troupe, fut honteuſement
caſſé.

---

*Declaration où l'on voit ce que Monſieur le
Colonel Cavallier penſe du Theatre Sacré.*

Du 10 de Mars 1708.

NOUS ſouſſignez certifions, qu'étant en
Converſation avec Monſieur le Colonel
Cavalier, il nous dit que le ſujet des plaintes por-
tées contre le Sieur Elie Marion étoit, qu'il avoit
avec ſa troupe pillé ſur le grand chemin, des
paſſans, ſans aucune diſtinction de Religion ; &
qu'aprés qu'on l'eut mis, pour raiſon de ce fait
au Conſeil de Guerre, pluſieurs opinerent à la
mort, & que luy Colonel Cavallier le tira d'affaire, en changeant la peine, comme il eſt porté
dans le Certificat donné par lui en Hollande.
Nous, nous ſouvenons encore qu'ayant entretenu
le dit Sieur Colonel ſur le *Theâtre Sacré*, il nous
fit entendre que c'étoit une piece où il y avoit
pluſieurs menſonges. Sur l'endroit ou Durand
Fage dit : *Lorſqu'il s'agiſſoit d'aller au combat, j'oſe
dire que quand l'Eſprit m'avoit fortifié par ces bonnes
paroles ; n'apprehende rien, mon enfant, je te condui-
ray, je t'aſſiſteray, j'entrois dans la mêlée, comme ſi
j'avois eté vêtu de fer, ou comme ſi les ennemis
n'euſſent eu que des bras de laine.* Le dit Sieur
Colonel

Colonel nous dit que cela étoit si peu vray, que
Fage s'enfuyoit toûjours quand il y a avoit quelque occafion.

Sur l'endroit où il eft dit que le nommé la
Salle fut accufé par un concours d'Infpirations
d'avoir deffein de vendre le dit Sieur Colonel
Cavallier fon Maître, il fe mît à rire, & nous
dit qu'on luy avoit donné fecrettement cet a-
vis, & qu'il n'y eut aucune Infpiration qui tendît
à cela.

Il nous dit la même chofe fur ce qu'en li-
fant l'Article de Jean Cavallier, nous remar-
quâmes que ce témoin dépofe qu'il fut revelé
par un concours d'Infpirations que l'on avoit
formé le deffein d'empoifonner le dit Sieur Colonel, qui nous affûra que c'étoit un avis qu'on
luy avoit donné ; mais qu'il n'y eut point d'Infpiration pour cela, ainfy figné, *Eg la Mothe,*
Boifragon, Louis Saurin, La Court Viloufe.

Pag. 47. Aprés ces deux Obfervations que j'ay crûës
neceffaires, je m'approche de plus prés du Livre
que j'ay à examiner. Sur les Extraits, qui
font les pieces du premier ordre, j'ay peu de
chofes à dire. Elles ne difent rien que de
vague ; & fe peuvent expliquer la plûpart par
la Conceffion que j'ay fait dans ma premiere
Obfervation ; c'eft que dans les Cevennes il y
a eu quelque chofe qui n'eft pas ordinaire.
Je n'ay rien à dire fur ces pieces, fi ce n'eft
que j'y ay trouvé deux traits, par où l'on fera
convaincu que l'Auteur du Livre n'a pas raporté
tout ce qu'il devoit rapporter.

Lo

Le premier eft au fujet de Monfieur Benoift *Theâtre Sa*-
Miniftre à Delft.　On a eu foin de raffembler *cré, Pag 1.*
quelques noms confiderables, pour fraper l'Efprit des Lecteurs.　Mr. Benoift a donné au
public l'Hiftoire de l'Edict de Nantes, il ne fe
pouvoit guere difpenfer d'y parler de ce que
l'on a vû d'extraordinaire dans les Cevennes,
mais il en parle, fans rien décider, & fans entrer dans aucun détail.　On doit convenir qu'il
s'exprime avec une retenuë fort judicieufe.
D'ailleurs il y a douze ans que nous avons fon
Hiftoire ; elle ne regarde point par confequent
les faits contenus dans le Theâtre Sacré, qui font
des faits de beaucoup plus nouvelle datte.　Quel
ufage peut on faire icy du témoignage de Monfieur Benoift ? Mais puifque l'on vouloit s'en fervir, il falloit le raporter tout entier ; & ne pas
omettre ces paroles, fur quoy l'Auteur de l'Hiftoire de l'Edict de Nantes fonde fon Irrefolution :
Les perfonnes, les lieux, les tems, l'exactitude & la *Hift. de*
diligence des Obfervateurs, exempts de toutes les chofes *l'Edit.*
qui peuvent aider à fe tromper foi même, & quel- *Vol. 5.*
ques autres particularitez, fur lefquelles d'ordinaire *Pag. 1018.*
les Relations ne me donnent pas de lumieres fuffifantes :
ce font les raifons qui me tiennent irrefolu.　Et quel-
que fois il y a des chofes où mon feul témoignage, &
mes Obfervations propres, feroient capables de me tirer
de mon équilibre.　Quoyque je croye au fond le fait
veritable, je voudrois avoir vû la chofe même, &
avoir fait mes Obfervations fur les Circonftances ;
parce que je fay par experience que diverfes Per-
fonnes peuvent voir un même objet par divers côtez ;
comme fouvent divers Peintres qui deffignent un même
objet, le voyant de differens côtez, le reprefentent fous
diverfes attitudes.　Je crains qu'il ne foit des Relations
qu'on

qu'on donne fur de femblables fujets, comme de celles des voyageurs; qui font fouvent des Portraits des Lieux par où ils ont paffé, qu'on trouve fort differens de la chofe même, quand on la voit par fes propres yeux.

L'Auteur du *Theâtre Sacré* rapporte les Paroles qui précédent, & qui fuivent immediatement celles que je viens de tranfcrire ; celles cy meritoient bien qu'il les copiât. A-t-il eu peur de nous rendre un peu trop pyrrhoniens fur le fait én queftion ? On ne peut s'empêcher de louer la fageffe de Monfieur Benoift ; Mais je fuis perfuadé, que nonobftant toute fa retenue, il parleroit maintenant comme nous, s'il favoit ce que nous favons Je ne fauvrois m'empêcher de pefer un peu fur ce qu'il nous dit de la rufe des *Convertif-*

Pag.1019. *feurs* qui fubornoient des gens pour imiter les Infpirez du Dauphiné, afin que *l'impofture des uns étant reconnue, rendit la bonne foi a des autres fufpecte.*

L'infpiration de ceux cy pouvoit donc être imitée ; cela prouve affez qu'elle n'avoit rien de Divin dans l'exterieur. Car il me femble' que ce que l'homme peut contrefaire ne fauroit être approprié à la fageffe de l'Efprit de Dieu. Mais quand j'entens dire que les *Convertiffeurs* apoftoient de faux imfpirez, il me femble que j'ay trouvé le denouement de toute l'intrigue de nos trois Camifars. Qui empefche de croire qu'ils ayent été envoyez par les *Convertiffeurs* pour nous brouiller ? Beaucoup de gens le difent ainfi.

Theat Sat. pag 137. L'autre piece que l'Auteur du *Theâtre Sacré* n'a pas fidélement copiée, c'eft une Lettre écrite à Mademoifelle de Vebron par un illuftre Confeffeur, qui écrit des Galeres à Marfeilles. On

a rapporté avec foin ce qu'il dit fur le fait des infpirez, mais on n'a eu garde de copier cet endroit, qui étoit effentiel au fujet : *Ces pauvres in-*
fpirez difent beaucoup de chofes baffes, ridicules mêmes
& extravagantes, qu'ils mêlent avec les paffages de
l'Ecriture fainte ; ce qui fait dire à plufieurs qu'ils ne
font pas infpirez de l'Efprit de Dieu ; & d'autres
vont plus avant, & difent que c'eft l'Efprit du De-
mon. Mais d'autres difent que dans tous les faits de
ces Infpirez il ne fe paffe rien d'affez extraordinaire
pour être obligé d'en chercher une caufe furnaturelle
foit Divine, foit Diabolique ; & que la melancolie,
l'imagination bleffée, une maladie du Corps, ou un
zéle mal entendu, &c. femblent fuffire pour expliquer les
mouvemens de ces pauvres gens, & qu'aprés tout le
meilleur eft d'attendre pour décider là deffus.

J'ay devant moi l'original de la Lettre, où j'ay
is mot pour mot l'endroit que l'Auteur du *Theâ-*
Sacré a jugé à propos d'omettre. Il n'eft pas
ceffaire de raifonner beaucoup pour en favoir
raifon. Je n'ay que cela à dire fur les Extraits. *Suite de*
ils ont été tirez la plus part des Lettres écrites par *l'Avis au*
des Perfonnes abfentes, & dont on n'a pû recou- *Leteur.*
er les Originaux. S'il en étoit autrement, peut-
re que l'on decouvriroit quelques mutilations
femblables à celles que je viens de remarquer,
ans la Lettre écrite à Mademoiffelle de Vebron.

Je paffe aux Dépofitions dont les unes font af-
firmées par ferment, & les autres font de fimples
Affirmations. On va voir que l'on ne doit
pas faire plus de cas des unes que des autres. Il y
a, dit-on, vingt fix *bons* témoins ; ce *bons* là eft
écrit en Caraceres Italiques, qui relevent la force
du

du terme ; nous verront bien tôt qu'il est tres mal
appliqué. De ces vingt six témoins il y en a
douze qui ont presté serment. Je retranche d'a-
bord les trois premiers, qui sont Messieurs *Daudé,
Facio, & Portalez.* On nous prépare dés le titre
à voir les Dépositions de témoins oculaires ; &
c'est là ce que l'on attend pour être convaincu
des faits rapportez dans le Livre ; pour quoy donc
conter icy trois Messieurs, qui ne les savent que
par ouï dire ? Ce n'est que pour faire nombre.
Les autres témoins viendront à leur tour nous faire
preuve de leur *bonté.*

Mais auparavant je dois dire que je ne parleray
pas des trois Camisars ; quoy qu'ils fassent eux
seuls la moitié du *Theâtre Sacré.* Ce sont là des
témoins à dire toutes choses, mêmes avec serment ; pourvû que leur Déposition serve à entre-
tenir la credulité qui les fait vivre. Ce que l'on
a déjà imprimé à leur sujet, suffit pour empêcher
que l'on fasse le moindre cas de leur témoignage.
En voilà déjà six de retranchez ; Je croy encore
que l'on ne doit pas être assez rigoureux, pour
vouloir que l'on donne une pleine satisfaction au
sujet des témoins qui ne sont pas dans ce Royaume, ou que l'on n'a pû découvrir.

Les six témoins retranchez, voicy les autres
dans l'ordre où le Theâtre Sacré les a arrangez.

*Commen-
cez, p. 17.*

Matthieu Boissier.	*Guillaume Pruguier.*
Jean Vernet.	*David Flottard.*
Pierre Chaman.	*Sybille de Broset.*
Jean Cabanel.	*. . . . De Caladon.*
Jeanne Castanet.	*Sarra Dalgone.*
Jaques Bresson.	*Marie Chauvain.*
Jaques Mazel.	*Isabeau Charras.*
Claude Arnassan.	*M. P. femme de M. I.*
Jaques Du Bois.	

De compte defait, je ne trouve que dix sept temoins, les autres Articles sont des Extraits de Livres ou de Lettres dont je ne veux pas parler d'avantage.

Pour examiner les témoins selon l'ordre du Théâtre Sacré je commence par Boissier. *Theat. Sac. p 9.*

MATTHIEU BOISSIER. Mr. Lacy *Pref p 7.* met ce témoin au nombre des Prophetes Cevennois, & même le nomme avant les trois autres; en quoy il veut apparemment suivre l'ordre de l'âge, & non pas l'excellence de l'inspiration. Le pauvre homme n'avoit que des Visions, où l'Esprit ne lui disoit rien. Son Talent êtoit de rêver, & d'aller debiter ses rêveries dans les Conversations, où on vouloit bien l'ecouter. Il vivoit de cela ; on se réjouissoit de lui entendre dire qu'il avoit vû, tantôt le Roy de France grand comme un geant, devenir nain, & enfin rien, Tantôt une grande broche bien garnie, qui atteignoit de la terre au Ciel, & qui selon lui representoit les Noces de l'Agneau On avoit de l'attention pour ses songes. Il eût bien fait de les raconter simplement ; car lors qu'il entreprenoit de leur donner un air de prédiction, on trouvoit par l'événement que c'êtoit de pures imaginations ; on en a déjà vû la preuve.

Cet homme accompagnoit ordinairement nos Prophetes avec assiduite, & les prônoit par tout où on le vouloit entendre. Aussi entroit-il en societé avec eux pour les profits de la Prophetie, il subsistoit de cela. Cela ne donnoit pas tant de peine que le métier qu'il vouloit apprendre lors qu'il arriva dans ce Royaume. A l'heure qu'il est, il est à Lausanne, où sans parler de Visions,

ny

ny de Propheties, il carde de la laine. Il avoit
deſſein de s'arrêter à Genêve : mais quand il ſût
que les Miniſtres de la Ville étoient informez de
la conduite qu'il avoit tenuë à Londres, il crût
devoir ſortir de deſſous leurs yeux. Un nommé
Daniel Girard nouvellement arrivé, a rapporté,
qu'en paſſant par Lauſanne, Boiſſier fît ce qu'il
pût, pour l'empêcher de paſſer en Angleterre, di-
ſant qu'il y arriveroit de grands déſordres. C'eſt
là le premier témoin que l'on produit.

Encore n'eſt-ce pas une Depoſition qu'il ait
oſé affirmer par ſerment. On dit que c'eſt une
Declaration qu'il a laiſſée avant que de partir.
C'eſt dommage que l'on n'ait voulu nous en donner que l'Extrait ; ſi nous avions eu la piece toute
entiere, on en auroit mieux jugé ; mais ſur ce
que l'on en a, on voit que ce n'eſt pas une Declaration qu'il ait faite lui même. Cet homme,
d'une des plus baſſes familles de Loriol en Dauphiné, ſait à peine écrire ; & on produit ſous
ſon nom une Declaration qu'il a, dit on, ſignée.
Il a pû la ſigner, je n'en doute point ; la queſtion
eſt, s'il la faite lui même, ou dû moins s'il l'a
dictée, à meſure qu'on l'écrivoit ; on peut s'aſſû-
rer que non. Je fais ici une remarque, qui doit
ſervir pour tout le Theâtre Sacré ; c'eſt qu'on a
plus de ſoin du beau François, que de la verité.
Toutes les Dépoſition paroiſſent être du même
Auteur. Il a eu peur qu'on ne lui attribuât les
fautes que des témoins pourroient faire, s'il les
laiſſoit parler dans leur naturel. Jamais on n'a
été plus ſurpris, que lorſque l'on a confronté les
témoins avec leurs Dépoſitions. Ce ſont la plûpart des gens qui ſavent à peine parler ; & on
les fait tous parler avec une eſpece d'eloquence,
& même avec des reflexions, dont ils ſont entierement

ment incapables. On aimeroit mieux, en fait de
témoignage, des Dépositions qui paroiffent fortir
de la bouche des temoins, que des difcours étu-
diez. C'eft là la penfée de l'Empereur Adrien,
que l'on a crû devoir enchâffer dans les Loix.

FF. de te-
ſtibus §
Teſtium fi-
des. Utrum
unum ean-
dem que

meditatum sermonem attulerint, an ad ea quæ interroga-
verm ex tempore verisimilia responderint.

JEAN VERNET eſt le second; On luy *Theat Sac*
fait dire dans ſon Article, que les premieres per- *P 14*
ſonnes qu'il a vûes dans l'inſpiration étoient ſa
Mere, ſon Frere, ſes deux Sœurs, & une Couſine-
Germaine; & que le nommé Jaques Reboux
étant tombé de deſſus un rocher eſcarpé, ſans ſe
faire aucun mal, eut de grandes agitations; aprés
il fit des Exhortations à la Repentance Il n'a
pas été poſſible de s'éclaircir ſur cela avec Jean
Vernet, parce qu'il eſt au ſervice de Sa Majeſté;
mais l'on a interrogé Jean Chapel ſon Frere de
Mere. Celui-cy a donné la Déclaration ſuivante,
par où l'on voit que l'Article eſt faux.

Jean Chapel frere de Jean Vernet, dont il eſt
fait mention Page 14. du *Theatre Sacré*, ſur la
Lecture qui lui à été faite de l'Article où il eſt
parlé de ſon frere, qui eſt au ſervice de Sa Majeſté, a declaré que cet Article ne peut être vray;
puiſque la Dite Déclaration eſt dattée du 14 Jan-
vier 1707, & que le dit Jean Vernet étoit alors
en Portugal. A auſſi declaré qu'il n'eſt pas vray
qu'ils euſſent plus d'une ſœur, quoyque la dite Déclaration l'affirme, A declaré auſſi que jamais il
n'a vû ſa mere tomber dans l'inſpiration, comme
la dite Déclaration le porte. Sur l'Article qui dit
dans la Page 15, que le nommé Jaques Reboux
étoit tombé du haut d'un rocher, & avoit eu des
agitations, aprés quoy il fit de grandes Exhorta-

tions

tions à la Repentance, a declaré le dit Jean Chapel qu'il étoit prefent à la dite chute, & que le
dit Reboux n'eut aucune agitation, ny ne fît aucune Exhortation à la Repentance.

A auffi déclaré qu'il connoît parfaitement le
moulin de Leve dont il eft parlé, *Pag. 15.* du
Théâtre Sacré ; mais qu'il n'a jamais vû d'enfant
de 13 ou 14 mois, qui prêchât la Repentance
dans le berceau, quoy qu'on fît courir ce bruit là

A declaré qu'étant dans le pais il ne faifoit
aucune attention à ces chofes ; par ce qu'il ne
croyoit pas qu'elles euffent aucun fondement ; &
que pour les prétendus Prophetes qui font icy,
il les croit des fauffaires & des trompeurs, &
qu'il le leur dira en face. Fait ce 11 Mars 170⅔.
Signé *Jean Chapel.*

PIERRE CHAMAN. Il n'eft point dans
ce Royaume.

L'Article de *JEAN CABANEL* a fait
tant de bruit, qu'il a fuffi tout feul pour décrier
le *Théâtre Sacré* parmi les François. Quelques
uns ayant reproché à cet homme, qu'il étoit fau-
teur des Prophetes, il voulut fe juftifier fur cela,
en prefence du Confiftoire de l'Eghfe Françoife
de *Threadneedle ftreet.* Cela a produit deux Actes,
par où l'on verra qu'il y a une Suppofition ma-
nifefte dans le Theâtre Sacré. On chercha
s'il n'y avoit point d'autre homme qui eût le
même nom, & qui fût de la ville d'Andufe ,
il s'en eft trouvé effectivement un autre ; mais
tous deux ont affirmé par ferment qu'ils n'ont
point donné la Declaration qu'on leur attribue
dans le Theâtre Sacré. Tous deux même font
allez demander juftice à l'Auteur de ce Livre,
en prefence de plufieurs témoins. L'Infpection
des Actes vaut mieux que tout mon recit.

Pag 18

Actes du Consistoire de l'Eglise Françoise de Londres.

Extrait de deux Actes de nôtre Consistoire.

Le 1. qui est du 25 Février 170⅞.

JEan Louis Cabanel d'Anduse est venu declarer à la Compagnie, qu'il n'avoit jamais paru devant aucun Juge, pour attester ce qu'on debite en son nom dans un Livre qui a pour titre, *Theâtre Sacré des Cevennes* ; que même il n'avoit jamais dit en nulle maniere la quatriéme partie de ce qu'on lui fait dire dans le dit Livre. Il a encore protesté qu'il n'a jamais crû que les prétendus inspirez fussent de veritables Prophetes, ny ne les a suivis.

Le 2. est du 7 Mars 170⅞.

JEan Louis Cabanel a comparu une seconde fois dans la Compagnie ; & interrogé sur le premier Paragraphe de sa prétendue Declaration contenuë dans le Theâtre Sacré des Cevennes, *Pag.* 19. a déclaré qu'il n'a point assisté aux Assemblées, comme cet Article le porte.

A declaré aussi n'avoir rien vû de ce que porte le 2. Paragraphe, touchant certaines Personnes qui ne sachant point parler François, le parloient pourtant fort bien dans leurs extases.

Il a aussi declaré n'avoir rien vû de tout ce qui est exposé dans le 3 Paragraphe.

Il a declaré encore n'avoir point ouï dire dans les Cevennes ce qui est porté dans le quatriéme Paragraphe.

Il a declaré enfin, que tout ce qui eft porté dans le cinquiéme & dernier Paragraphe eft faux.

Interrogé de plus, s'il n'a point dit à quelque particulier quelque chofe touchant les Cevennes ; a déclaré qu'il n'en a rien rapporté, que par oui dire.

Le dit Cabanel a appofé fa marque aux deux Actes fufdits, ne fachant pas écrire, figné *Teftas*, Secretaire de la Compagnie.

Jean Cabanel, ouvrier en foye, demeurant en Spittlefields, fils de feu Anthoine Cabanel, Originaire d'Andufe, en Cevennes ; & Jean Louis Cabanel Boulanger, demeurant en Spittlefields, fils de feu David Cabanel, originaire du dit lieu d'Andufe, jurent & affirment par ferment, par eux refpectivement fait fur les Saints Evangiles de Dieu Tout puiffant, qu'iceux Depofans, ny aucun d'eux, n'ont en aucune maniere, directement, ny indirectement donné aucune Declaration ny Depofition fous ferment, ny autrement, en faveur des prétendus Prophetes, ou infpirez des Cevennes , & que la prétenduë Depofition qu'on a inferée dans les *Pag.* 19. & 20. d'un certain Livre, intitulé, Le *Theâtre Sacré des Cevennes*, & qu'on rapporte avoir été faite ou renduë par Jean Cabanel d'Andufe, n'a été faite ny renduë par aucun des Depofans ; & que c'eft une pure fuppofition & fauffeté de l'attribuer à aucun d'eux. Ajoûtent les dits Depofans qu'il faut neceffairement que cette prétenduë Depofition, qu'on rapporte dans le dit Livre avoir été faite par Jean Cabanel d'Andufe, foit une piece fauffe, fuppofée & faite à plaifir, par des Impofteurs, pour favorifer les dits prétendus Prophétes ; attendu qu'il n'y a aucune autre Perfonne

fonne qu'eux dans ce païs, qui ait nom Jean Cabanel d'Anduſe ; & qu'ils affirment d'abondant n'avoir point fait la dite prétendue Dépoſition. Signé *John Cabanel*, & plus bas, *Jean Louïs Cabanel* ſa marque, ainſy (C N) & à côté, jurant le 8 Mars 1707. coram me, ſigné *Jn°. Houblon.*

Jean Cabanel, Jean Louïs Cabanel, tous deux parens accompagnez d'Iſaac Gautier, de Julien Guichard, & Daniel Cavelier, allerent le 18 Février dernier trouver Mr. Miſſon, pour lui demander Juſtice, ſur ce qu'il avoit mis ſur ſon Theâtre Sacré le dit Jean Cabanel, comme un des témoins, quoyque jamais il n'eût rendu un pareil témoignage ; & le dit Sieur Miſſon leur dit, qu'il ne le connoiſſoit point, & qu'il ne l'avoit jamais vû, mais qu'il luy donneroit une entiere Satisfaction, qu'il ne luy a pas encore donnée. Fait ce 11 Mars 1707. ſigné *John Cabanel*, & *J. Guichard.*

JEANNE GASTANET. Elle n'eſt pas *Pag.* 20.
dans ce Royaume.

JAQUES BRESSON. Il n'eſt pas dans *Pag.* 22.
le Royaume; on dit même qu'il n'y étoit pas, quand le Theâtre Sacré a été fait, je n'en ſay rien.

JAQUES MAZEL. On fait dire à ce *Pag.* 24.
témoin des choſes merveilleuſes, au ſujet des enfans inſpirez voici la Declaration qu'il a donnée en preſence de pluſieurs témoins.

Jaques Mazel, dont il eſt parlé dans le Theâtre Sacré, *Pag.* 24. a declaré que les enfans qui diſoient avoir été inſpirez dans les Cevennes, repetoient

B 4

petoient fans ceffe, Mes enfans repentez vous, priez Dieu, ie vous dis ; & que c'etoit là tout leur difcours. Il a auffi declaré qu'il croyoit que dans les Cevennes il y avoit quelque chofe d'ex-traordinaire, & qu'il s'imaginoit trouver quelque chofe de femblable, dans les prétendus Prophetes de Londres ; mais qu'aprés les avoir fuivis 4 ou 5 fois dans leurs affemblées, il avoit reconnu que c'êtoient des malheureux. Fait à Londres, ce onziéme Mars 1707. Signé *Jaques Mazel.*

Pag 27. *CLAUDE ARNASSAN.* Ce qu'il a de-claré merite d'avoir ici fa place : il nous con-firme dans l'opinion que nous avions déja, que dans les Cevennes plufieurs contrefaifoient les in-fpirez ; & que les Trois Camifars ont eu grand tort de s'en rapporter à fon témoignage.

Claude Arnaffan, dont il eft parle dans la *Pag.* 27. du Theâtre Sacré des Cevennes, a de-claré que dans les Cevennes d'où il eft, il y avoit plufieurs Canailles, qui prétendoient être Prophetes, en contrefaifant les extafes ; & qu'il en avoit vû un, que l'on menaça de chaffer, en cas qu'il continuât, mais qu'il y en avoit plu-fieurs autres, que l'on foupçonnoit de ne pas va-loir mieux. Fait ce 11 Mars 1707. A auffi de-claré que ceux qui fe mêlent de prophetifer icy, ne font nullement Prophetes, felon fa croyance, mais faux Prophetes. Et qu'il a oui dire à fon Coufin Anthoine Arnaffan que ces gens-là êtoient des Canailles. Le méme jour que deffus. Signé *Claude Arnaffan.*

Pag 32. *JAQUES DU BOIS.* On luy a lû fon Article ligne aprés ligne, furquoy il a fait une Déclaration affirmée par ferment, par où l'on voit

voit que le Theâtre Sacré lui attribuë diverſes
choſes qu'il n'a jamais dites. Sa Depoſition eſt
d'autant plus conſiderable, qu'il êtoit lui même un de ceux qui faiſoient les inſpirez dans les
Cevennes. Cela a déja paru par uu Acte qui a
été publié, mais l'on a crû qu'une Depoſition,
où il entre dans un détail curieux feroit plaifir au public. On y verra clairement, que ceux
qui ont reçû les Depoſitions du Theâtre Sacré.
deguiſoient les penſées des témoins ; & que par
l'adreſſe de leur plume, ils faiſoient trouver des
Miracles, où il n'y en avoit point. Il y a des
choſes ſi particulieres dans cette piece, que l'on
ne ſauroit la trop recommander à ceux qui ont
de la curioſité pour l'Intrigue de nos prétendus
Prophetes.

Jaques du Bois, Coɪdonnier, âgé de vingt
ſept ans ou environ, natif de Montpellier, a pré-
ſent demeurant en la Paroiſſe Sɪe. Anne, Weſt-
minſter, jure & affirme, moyennant ſerment par
lui fait ſur les Sts. Evangɪɪes de Dieu tout-puiſ-
ſant ; En premier lieu il declare ſur l'Article
qu'on lui attribue à la Pag 42. du Livre, intitulé Le Theâtre Sacré des Cevennes, qu'à l'egard de
l'enfant àge de quinze mois, il reconnoít l'avoir
vû dans les Agitations ; mais qu'il ne l'a point
ouɪ parler, & que jamais il n'a declaré l'avoir
ouɪ parler ny François, ny aucune autɪe langue.
On fait encore declarer au Depoſant, qu'il a
entendu des Enfans depuis trois ans, juſques à
huit, faire des diſcours ; il avoue que cela eſt
vray pour l'âge de huit ans ; mais on a tort de
lui attribuer d'avoir dit que de plus jeunes Enfans parlaſſent de la ſorte. Ceux qui recevoɪ-
ent la Declaration du Depoſant, étendoient ſa
penſée,

penſée, & luy donnoient tel tour qu'il leur plai-
ſoit ; c'eſt ce qui fait qu'on lui impute diverſes
choſes, à quoy il n'a jamais penſé.

A la *Pag.* 33. on lui fait encore dire qu'une
fille dans l'Inſpiration avertit le dit Depoſant
qu'il ſeroit arreſté ; il eſt vray qu'il fut arreſté ;
mais il eſt faux que la fille l'en eût averti.

On croiroit en liſant le commencement de
la *Pag.* 34. que le Depoſant a vû des feux Mi-
raculeux deſcendre du Ciel ; il affirme pourtant
qu'il eſt vray que ce n'étoit que de ces Eclairs,
qui ſont fort communs dans ſon païs.

Dans la même Page on paſſe ſur l'affaire du
feu de Clary, comme ſi le Depoſant en étoit
convenu, & que tout le monde la diſoit dans
Montpellier & ailleurs. La verité eſt que lorſque ceux qui reçûrent la Declaration du Depoſant lui demanderent ce qu'il penſoit de ce fait,
il leur repondit qu'il le croyoit faux ; & il a-
joûta que ſon oncle, qui eſt preſentement aux
Galeres pour cauſe de Religion, l'avoit aſſûré,
que ce que l'on diſoit de l'épreuve de Clary
pour le feu, n'étoit pas vray ; Mais qu'à la verité
à Cauveſſon, & non à Serignan (comme il eſt
dit dans le dit Livre) deux filles ſe firent pré-
parer un feu, où elles dirent qu'elles ſe mettroi-
ent pour prouver la verité de leurs Inſpirati-
ons, l'une d'elles s'y mit effectivement ; mais
auſſitôt qu'elle eut ſenti la chaleur, elle s'en
retira, & dit que le Miracle n'avoit pas réuſ-
ſi, à cauſe de l'Incredulité de quelques aſſi-
ſtans: Clary étoit preſent ; mais l'oncle du Depoſant la aſſûré que ce n'étoit pas à Clary
que cela étoit arrivé. Le Depoſant tient tout
cela de ſon dit Oncle, qui étoit preſent. La

Meſſieurs

Meſſieurs à qui il fit ſa Declaration n'y voulu-
rent pas mettre tout ce que deſſus, & ont voulu
faire croire, que le Depoſant convenoit de l'é-
preuve de Clary par le feu. Quant à ce qu'ils
lui font dire que tout le monde le diſoit à
Montpellier & ailleurs, il eſt vray qu'il a dit
que quelques uns le diſoient ; mais il n'eſt pas
vray qu'il ait dit, tout le monde. C'eſt une
Hiſtoire que les Camiſars faiſoient courir ; ſi
quelques-uns la croyoient, là plûpart ne la croyoient pas ; & pluſieurs, qui étoient à Cauveſſon,
ont aſſuré le Depoſant, que l'affaire de Clary
eſt fauſſe.

On croiroit, en liſant la Declaration du Dé-
poſant à la *Pag.* 35. qu'il a vû couler des larmes
de ſang à une fille inſpirée. Tout ce qu'il a
dit a été, qu'on le diſoit ainſi. On faiſoit bien
courir d'autres Hiſtoires.

Dans la même Page on fait dire au Dépo-
ſant, que pluſieurs des inſpirez avoient les entrailles bruyantes. Il ajoûte icy que ce bruit
ne vient que d'un jeûne précédent. Une prétendue Propheteſſe lui en donna le ſecret, & il
en a lui même fait l'Experience. On appelloit
pourtant ce bruit là, le ſouffle du Saint Eſprit.
Cette prétenduë inſpirée avoit nom Bomelle,
dont il eſt fait mention à la *Pag.* 34.

On fait dire au Depoſant dans le dernier Article, qu'il pourroit raconter encore quantité
d'autres Hiſtoires & Circonſtances de cette Na-
ture, dont il ſe ſouvient parfaitement. Cela
n'eſt pas vray, car s'il l'eût dit, ces Meſſieurs
étoient preſts à écrire tout ce qui étoit favorable
à leur deſſein ; Et ce ne fut que par ce qu'ils
ne trouverent pas le Depoſant bien diſposé à les
servir,

fervir, qu'ils ne firent pas une Declaration plus
longue ; & ils refuferent même de luy laiffer
lire ce qu'ils avoient êcrit, & d'en retrancher ce
qui n'êtoit pas vray. En effet les chofes dont
le Depofant fe fouvient, leur font tout à fait con-
traires, comme celle cy Caftanette paffoit pour
un des plus grands Prophetes, aprés qu'il eut
fait fa Compofition, & en allant à Genêve, il
trahit plufieurs Villages qui l'avoient retiré, &
les declara par Lettres à Mr. de Bafville, Inten
dant : Il fît le même perfonnage à Genêve, où il
alloit fouvent chez le Refident de France, de qui
il recevoit de l'argent , mais comme il êtoit
joueur, il perdit ce qu'il avoit ; & alla deman
der de l'argent au Refident ; le quel n'en vou-
lant point donner, Caftanette le menaça d'aller
faire un nouveau foûlevement dans les Cevénnes,
& y alla effectivement. Il fut arrêté fur les avis
du Refident, & enfuite fut executé.

Le Depofant fe fouvient auffi qu'ayant appris
par une Lettre particuliere, qu'il y avoit eu un
grand tremblement de terre à Rome, il en dît la
nouvelle à un Camifar, il l'alla dire à une des
Prophetefles nommée Dorte, la quelle auffi tôt
alla dans une affemblée, & étant tombée dans
l'Infpiration, elle fit dire au St. Efprit, Mon enfant je te dis, qu'une partie de la grande Babi-
lone eft détruite, tu le fauras dans peu de jours
Ainfi ils mettoient dans leurs Infpirations ce qu'ils
apprenoient en particulier, & vouloient faire paf
fer cela pour des Revelations du St. Efprit.

De même lorfqu'ils avoient refolu d'executer
un deffein, ils faifoient declarer leur pénfée au
St Efprit, pour la faire regarder comme un Ora-
cle. Ils ont mis à mort plufieurs Perfonnes par
ce moyen là.   Ils

Ils ont prédit que Montpellier devoit être détruit, les uns difoient dans quatre jours, d'autres dans huit jours, d'autres prenoient plus de tems.

Le Dépofant a oui lui même des prétendus Prophetes dire dans leurs Infpirations, qu'il arriveroit un fecours mêlé d'Anglois, d'Allemans, de Hollandois, & de Savoyards, & qu'ils entreroient dans Montpellier comme s'ils euffent été des troupes du Roy, & qu'ils détruiroient Montpellier avant que fût trois mois. On prédifoit la même chofe au fujet de Nifmes ; ce qui n'eft pourtant pas arrivé.

On difoit auffi dans les Infpirations que dans l'efpace de trois mois on auroit la Liberté de Confcience par toute la France, & que les Miniftres y reviendroient ; fur quoy on exhortoit les peres & les meres à bien inftruire les Enfans, afin que les Miniftres ne pûffent reprocher la Negligence. Quand le tems êtoit expiré, on prenoit un nouveau terme, pour retenir des gens que l'on voyoit ébranlez, fur ce que les chofes n'arrivoient pas à poinct nommé.

Le Depofant a auffi entendu plufieurs autres Prédictions qui n'ont point été Accomplies quoyque le tems foit paffe.

A l'égard de Durand Fage, il a été laquais de Monfieur Daubay ; aprés quoy il apprit à faire de la fuftaine C'êtoit un garçon connu par fes debauches avec les filles parmi les Camifars ; Sommiere, l'un deux, que le Depofant connoît fort bien, l'avoit voulu tuer à caufe de fes debauches. Jean Cavalier paffoit dans le pais pour un traître qui vendoit les affemblées. Signé *Jaques du Bois*, & à côté Jurat. 27 de Février 1707. coram me, figné *Jn°. Houblon.*

Sur

Pag. 36. Sur l'Article de *GUILLAUME BRUGUIER*
on a feulement une Declaration, par où l'on voit
que fon fentiment eft que les trois prétendus Prophetes font des canailles, & qu'ils offenfent Dieu.
Ce n'étoit pas là un témoin à mettre dans la
Theâtre Sacré.

Guillaume Bruguier, dont il eft parlé dans la
Pag. 36. du Theâtre Sacré a declaré qu'il croit,
que les prétendus Prophetes de Londres font des
Canailles, & qu'ils offenfent Dieu. Il a auffi declaré que même dans les Cevennes plufieurs dou-
toient que les extafes qu'on voyoit dans ce Pais-
là vinffent de Dieu. Fait ce 11 Mars 170⅞. Ne
fachant pas figner il a mis fa marque en préfence
de Julien Guifchard, & de François la Farge.
Signé *Julien Guifchard & François la Farge.*

Pag. 60 *DAVID FLOTTARD.* Il eft hors du Royaume.

Pag. 65 *SYBILLE DE BROSET.* Elle n'eft
point à Londres.

Pag 67. *SYBILLE DE CALADON.* Il n'eft pas
dans le Royaume.

Pag. 70. *SARRA DALGONE.* L'on n'a pû trouver qu'une femme de ce nom-là. Elle a declaré,
que la Dépofition qu'on lui fait faire dans le Theâtre Sacré, eft une piece entierement fuppofée.
Jufques à ce que l'on produife une autre *SARRA
DALGONE*, qui la reconnoiffe pour legitime,
on fera en droit de dire qu'il y a dans le Theâtre
Sacré des pieces fauffes, & de juger par là du deffein du Livre.

J

Je souffignée declare & protefte n'avoir jamais fait, ny fait faire en aucune maniere que ce foit, directement ny indirectement aucune Declaration ny Depofition, fous ferment, ny autrement, en faveur des prétendus Prophetes, ou infpirez des Cevennes ; & que la prétenduë Depofition qu'on a inferée dans un certain Livre, intitulé *Le Theâtre Sacré des Cevennes*, aux *Pag.* 70, & 71, fous le nom de *Sarra Dalgone de Vallon*, proche d'Ufez, (qui eft mon nom de Fille), n'eft point de moy. Je declare de plus, que c'eft une pure fuppofition & fauffeté de me l'attribuer, & qu'il faut necef-fairement que cette prétendue Depofition, qu'on rapporté dans le dit Livre avoir été faite par moy, foit une piece fauffe, fuppofée, & faite à plaifir par des Imposteurs, pour favorifer les dits préten-dus infpirez. C'eft ce que je certifie, & le certifieray où befoin fera.. Fait à Londres ce 30. Mars 1708, en prefence des témoins fous-fignez. La dite Sarra Dalgone femme d'Etienne Moleron Chirurgien Major du Regiment de Sie-bourg, à prefent à Alican en Efpagne, a declaré ne favoir figner, a fait fa marque. Signé *Fr. Grongnet* Miniftre témoin ; *Hayer*, ancien, té-moin.

MARIE CHAUVAIN. Elle n'eft pas dans le Royaume. *Pag.* 93.

ISABEAU CHARRAS. Celle-là eft icy ; on l'a mife dans le Theâtre Sacré fous fon nom de Fille ; elle eft pourtant mariée, & eft connue par le nom de Cachar, ou de Vivarais, qui font les noms de fon mari. C'eft une femme qui fait icy l'infpirée, & qui vit de ce métier-là. Il eft fur- *Pag.* 95.

prennent

prenant qu'on ofe lui faire faire un tel perfonnage dans un païs, où elle eft fi bien connue. Elle favoit bien qu'elle a employé diverfes perfonnes, pour la reconcilier avec fon mari, ou pour en tirer quelque fubfiftance, alors elle ne leur difoit pas qu'elle avoit reçû les graces de l'infpiration, quoy qu'elle eût pû faire de cela un bon motif pour exciter la charité. Tout ce qu'elle difoit, êtoit qu'elle êtoit reduite a la mendicité. Son mari ne fe deffendit de l'affifter, qu'en faifant l'hiftoire de leur mariage. Il racontoit qu'étant à Genéve où il travailloit de fon métier d'armurier, elle le follicitoit par plufieurs moyens; mais que n'en pouvant venir à bout, elle s'avifa de la rufe des Filles de Lot; elle le fit enyvrer, & en fit fon mari, fans qu'il y penfât. Le Magiftrat felon les Loix du Païs, ordonna qu'ils fuffent mariez. Cachar fe voyant marié contre fon gré, quitta auffi tôt fa femme, & a declaré plufieurs fois qu'il croyoit en confcience qu'il pouvoit ne la regarder comme telle. C'eft là cette infpirée que l'on a mife dans le Theâtre Sacré, & qui joue fon rolle dans les Affemblées prophetiques.

Pag 125. *M P.* Femme de *M R.* Il na pas été poffible de dechiffrer ces Lettres.

Par cette courte revifion du Theâtre Sacré le public jugera fi ce Livre eft digne de foi. On ne veut point icy caracterifer le deffein que l'on a eu en le repandant avec tant de foin dans les deux langues; les Lecteurs en jugeront comme il leur plaira. Il eft plus a propos de conclure par deux Obfervations que j'ay faites en parcourant ce Livre. L'un ramaffe les endroits, où j'ay remarqué

marqué que les prétendus infpirez Cevennois difoient qu'ils ne fe fouvenoient point de ce qu'ils
avoient prononcé dans leurs extafes Les trois
Camifars, qui ont appris leur métier dans les
Cevennes, parloient de même, quand ils s'avife-
rent de l'exercer dans ce Royaume. Le Sieur
Cavallier difoit qu'il croyoit perfuader mieux par
là, qu'ils étoient agitez par une caufe étrangere
& fuperieure. Je ne fay comment l'on peut douter qu'ils n'ayent declaré qu'aprés leurs extafes
ils ne fe fouvenoient plus de leurs Infpirations.
Le fait a déja été juftifié. On peut encore tirer
de nouvelles preuves du Theâtre Sacré ou l'on
voit que c'étoit la Tradition des Cevennes.

Sous l'Article de *JAQUES BRESSON* on *Pag.* 23.
voit ces paroles, *quand je demandois aux Perfonnes*
plus avancées en âge s'ils fe fouvenoient affez bien
de ce que leur bouche avoit prononcé pour le faire re-
peter ou pour en faire entendre toute la fubftance ils
me répondoient qu'ils ne s'en fouvenoient pas affez
pour cela.

Sous l'Article de *M. P.* on lit *quand la jeune Pag.* 126.
fille fut revenue à elle même je lui demandai fi elle
pouvoit bien me repeter ce qu'elle avoit dit, elle me
dit que non.

La Lettre à Mademoifelle *de Vebron* dit, *mais Pag.* 137.
ils ne fe fouviennent nullement de ce qu'ils ont dit,
quand ils font dans leur fang froid & ils ne favent
donner aucune raifon de rien.

Que l'on joigne à cela ce que Mr. *de Cala-* *Pag.* 142.
don dit dans fa Lettre. *Les uns difoient qu'ils ne*
C *fe*

se souvenoient de rien de ce qu'ils avoient prononcé &
les autres se souvenoient de quelque chose mais de fort
peu.

C'est ainsi que parloient nos Camisars quand
ils vinrent en ce Royaume. Aussi quelques Personnes pour les éprouver les faisoient parler comme si dans leur extase ils avoient prononcé des
choses ridicules & indécentes. Nous n'avons point
prononcé cela, disoient ils.

Cela est vray ; mais, repliquoit-on, il nous pa-
roît presentement, que quelque chose que vous
soûteniez, vous vous souvenez tres bien de ce
que vous avez prononcé ; Aussi-tôt ils tomboient
dans la Confusion, dans la crainte qu'on ne les
accusât d'avoir preparé à la maison les discours
qu'ils prononçoient. Cette crainte les obligeoit
a soûtenir toujours qu'ils ne se souvenoient de
rien ; mais comme cela avoit ses difficultez, on
a voulu revoquer en doute un fait qui est de la
derniere certitude.

Voy la De-
position de
Jaques du
Bois

L'autre Observation rapproche la plûpart des
faits que l'on a trouvez dans ce Recueil : Faus-
ses Predictions des inspirez Cevennois.
L'Enfant, qui à l'âge de quinze mois parloit,
& même parloit bon François, est un enfant
supposé. On doit remarquer sur les endroits,
où l'on fait parler bon François aux inspirez,
que les temoins sont la plupart gens, qui ne savent ce que c'est que bon François.
Eclairs naturels changez en pluye de feu.
Larmes ordinaires tournées en larmes de
sang.

Entrailles

Entrailles bruyantes Metamorphofées en fouffle du St Efprit.

Infpi é Cevennois qui trahit fes freres
Prédictions faites aprés l'événement
Conjectures & deffeins Politiques honorez du nom d'Infpirations.

Fage connu par fes debauches.

Chute d'un Infpiré du haut d'un rocher tra- *Voy. l'Art.* veftie en Miracle. *de Jean Vernet.*

Il m'eft demeuré deux autres prétendus Miracles dans l'Efprit ; le premier eft celui de deux infpirez, qui aprés avoir été rompus tout vifs, furent jettez dans le feu, & qui fe levérent fur leurs piez, comme s'ils n'avoient pas eu les os brifez. L'autre Miracle eft le feu de Clary.

Sur ces deux Miracles, que l'on prétend être notoires dans Montpellier, l'on a une Declaration de Mademoifelle Murat, qui quoy qu' arrivée depuis trois ans ou environ de Montpellier, où elle étoit domiciliée, protefte qu'elle n'y avoit oui parler ny de l'un ny de l'autre. Il y a encore dans cette Declaration quelque autre chofe, que l'on ne fera pas fâché de voir.

Declaration de Mademoifelle Elizabeth veuve Murat, demeurant près des 7 Quadrans dans Soho, du 26 d'Avril 1708.

JE fouffignée Elizabeth veuve Murat declare que je fuis arrivée à Londres depuis trois ans ou environ de Montpellier, où j'étois établie. J'ay

eu

eu chez moy, dans la dite Ville de Montpellier,
une de ces femmes que l'on nommoit Fanatiques.
Un jour elle appella une jeune fille qui fit l'inspirée ; ma fille lui entendant dire diverses choses, qui lui paroissoient des Blasphêmes dit, *leve-
toi, si tu ne cesses de parler, je te mettray dehors.*
Aussitôt la pretendue inspirée cessa de parler, &
revint à son état naturel. Ce qui me fit croire
que ces sortes d'Inspirations étoient tres volon-
taires, & que tout cela n'étoit que jeu. Quand
on m'a demandé ce que je pensois du feu de
Clary, & du Miracle que Dieu fit, en permettant
que des hommes qui avoient les os brisez, mar-
chassent sur leurs piez, j'ay protesté & proteste
encore, que dans tout le tems que j'ay été à Montpellier, je n'ay oui parler ny de l'un ny de l'autre
fait. Signé *Murat*.

Pour parler separément de ces deux Miracles,
je diray sur le premier, que l'on trouve dans la
Pag. 127. du Theâtre Sacré, & dans la Deposi-
tion d'une Dame, que l'on a crû ne devoir pas
nommer, qu'il est contredit par des témoins oculaires, dont on rapportera icy les Declarations.
Louis Bernard, & Jean Sorran font ces deux témoins ; Louis Bernard a signé sa Declaration,
Jean Sorran, n'a pas voulu signer la sienne, depeur
de déplaire aux Camisars, mais d'honnêtes gens
qui étoient presens, quand il l'a faite de vive voix,
ont supplée à ce defaut. On verra par ces deux
pieces que le premier Miracle n'est qu'une Chi-
mere.

Nous soussignez declarons & certifions avoir été
présens à l'execution des deux hommes qui furent
roüez

roüez vifs,& brûlez à Montpellier en l'année 1705,
dont il eft fait mention dans un certain Livre, intitulé, *Le Theâtre Sacré des Cevennes*, Pag. 127. mais
il eft faux, (qu'aprés avoir a eu les bras & les
jambes rompues de plufieurs coups de barre de
fer, & ayant été jettez dans le feu allumé, &
qu'ils y eurent été quelques momens, ils fe fuffent
levez, comme fi ce feu leur avoit été un reméde
pour rejoindre leurs os brifez & pour guerir leurs
playes ; ils fuffent fortis du milieu des flames, &
s'en êtoient éloignez à quelque diftance) il eft
vray qu'aprés avoir été rompus, on les jetta fur
le bûcher ; mais la paille qui étoit deffus les fit
gliffer en bas ; les Soldats qui étoient poftez au-
tour du dit bûcher les pouffèrent dans le feu avec
leurs Moufquets qui avoient des Bayonnettes au
bout, & furent ainfi brûlez, fans qu'il foit arrivé
en cette execution aucune chofe qui foit extraordinaire ou miraculeufe. C'eft ce que nous declarons eftre trés veritable, en prefence des témoins
fouffignez. Faît à Londres, ce 20 Avril 1708.
fignez *Louis Bernard*, *Jaques Douilbac* témoin,
Louis Rebecourt témoin de la fignature du dit *Bernard*, & *Daniel Fleu y* témoin.

Nous fouffignez certifions à tous qu'il apparti-
endra, que la Declaration & Certificat cy deffus
a été lû en nos prefences & de celle de Jean
Sarran de Montpellier enfemble le Paragraphe
contenu dans le *Theâtre Sacré*, *Pag.* 127. qui eft
marqué cy deffus entre les deux parentéfes ; & le
dit Saran a dit & declaré qu'il étoit prefent lors
de l'execution des deux hommes y mentionnez ;
mais qu'il eft faux qu'aprés avoir eté jettez dans
le feu, ils s'en feroient retirez d'eux memes, &
                                            qu'ils

qu'ils étoient fortis du milieu des flames Et le dit Saran ayant été requis de figner le dit préfent Certificat, il l'a refufé, difant qu'il apprehendoit que les Camifars qui font à Londres ne l'a. affinaffent. Fait à Londres, ce 22 Avril 1708.

J'ay été préfent lorfque le dit Saran a dit qu'il ne vouloit point figner, quoyque la chofe foit veritable, de crainte que les Camifars qui font à Londres ne le fiffent affaffiner. C'eft de quoy je certifie par mon figne; figné J a le Maiftre.

Je fouffigné declare avoir été préfent à la Déclaration que le dit Saran a faite, & à fon refus de figner fous prétexte de crainte; figné *Eftienne Baudecy*, & *Anthoine Fervel*.

Le feu de Clary, dont il eft fait mention en deux endroits du Theâtre Sacré, eft l'autre miracle. S'il n'avoit pour témoins que le Prophete Cavallier, & Fage fon Collegue, qui font les deux feuls que l'on a produits fur ce fait, l'on pourroit ne s'y pas arrêter; car ce font des témoins fi décriez, que l'on ne doit pas leur ajoûter foi. Mais Monfieur le Colonel Cavallier ayant appuyé de fon témoignage le feu de Clary, cela oblige a une plus grande attention.

On ne peut difconvenir que Monfieur Cavallier n'ait maintenu la verité de ce feu, le Memoire qu'il a donné, & que l'on a inferé dans les *Nouveaux Memoires*, eft exprés; Mais fa Declaration eft bien vague; il dit fimplement que le feu de Clary eft vray. Cela, dit fans aucun detail de circonftances, ne fait rien pour le miracle. Quelques-uns ont dit que

que Clary ne demeura que tres peu de tems dans le feu, & qu'il en fortit auffi-tôt qu'il en eu fenti l'ardeur. D'autres ont affûré que le feu êtoit fait à la maniere d'une Demie Lune, avec un vuide au milieu ; que Clary entra par l'ouverture de la Demie Lune, & que le vent en rabatant les flames du côté des Spectateurs, ils s'imaginerent que Clary ne pouvoit demeurer là fain & fauf que par miracle. L'on a expliqué diverfement ce feu. Monfieur Cavallier ne décide rien, en affirmant que ce feu eft vray. On a fait courir le bruit qu'il a laiffé une Déclaration plus expliquée ; quand on verra, on pourra raifonner d'une ma-niere p... ..te fur fon témoignage.

En attendant, on remarquera en fecond lieu que Mademoifelle Murat, d'une Famille honnête de Montpellier a déclaré qu'elle n'a point oui par-let de ce feu, fi ce n'eft depuis qu'elle eft à Lon-dres. Une autre perfonne de Sommiere m'a dit la même chofe.

J. Anthoine Du Bois a depofé avec ferment qu'il le croyoit faux, & que c'êtoit là l'opinion que plufieurs en avoient dans Montpellier. Il n'y a qu'à lire cette Depofition, pour favoir ce que l'on doit penfer fur ce feu de Clary.

On pourroit dire icy quelques autres chofes fur ce prétendu Miracle ; Mais l'on a crû devoir at-tendre la Declaration où l'on publie que Monfieur le Colonel Cavallier l'a expliqué, avec un détail de circonftances. Il fera tems alors de decouvrir tout ce que l'on a appris là-deffus.

F I N.

Lightning Source UK Ltd.
Milton Keynes UK
UKHW021826091222
413661UK00006B/189